Impressum
Verlag: BABADADA GmbH, Nedderfeld 112 , 22529 Hamburg
Geschäftsführer / Verlagsleitung: Harald Hof
Druck: Books on Demand GmbH, In de Tarpen 42, 22848 Norderstedt

Imprint
Publisher: BABADADA GmbH, Nedderfeld 112 , 22529 Hamburg, Germany
Managing Director / Publishing direction: Harald Hof
Print: Books on Demand GmbH, In de Tarpen 42, 22848 Norderstedt

böl
除

186/2

tahta
黑板

sınıf
教室

okul bahçesi
校园

öğretmen
老师

kağıt
纸

yazmak
书写

kalem
钢笔

masa
办公桌

cetvel
直尺

kitap
书

öğrenci
学生

okul çantası

书包

kalemlik

铅笔盒

kurşun kalem

铅笔

kalem açacağı

卷笔刀

silgi

橡皮擦

çizim defteri

画板

çizim

图画

resim fırçası

画笔

boya kutusu

颜料盒

makas

剪刀

tutkal

胶水

alıştırma kitabı

练习册

ödev

家庭作业

12

sayı

数字

2+2

ekle

加

5-2

çıkar

减

2×2

çarp

乘

hesapla

计算

A

harf

字母

ABCDEFG
HIJKLMN
OPQRSTU
VWXYZ

alfabe

字母表

hello

kelime

字

metin

课文

okumak

读

tebeşir

粉笔

ders

上课

kayıt

登记

sınav

考试

sertifika

证书

okul forması

校服

eğitim

教育

ansiklopedi

百科全书

üniversite

大学

mikroskop

显微镜

harita

地图

kağıt çöp kutusu

废纸篓

otel
酒店

Grand

pansiyon
青年旅社

ROOMS

döviz bürosu
外币兑换处

EXCHANGE

bavul
手提箱

otomobil
汽车

dil
语言

evet / hayır
是/否

Tamam
好的

merhaba
您好

çevirmen
翻译员

Teşekkür ederim
谢谢

bu ... ne kadar?

......多少钱？

anlamadım

我不明白

problem

问题

İyi akşamlar!

晚上好！

Günaydın!

早上好！

İyi geceler!

晚安！

güle güle

再见

yön

方向

bagaj

行李

çanta

包

sırt çantası

双肩包

misafir

客人

oda

房间

uyku tulumu

睡袋

çadır

帐篷

turist danışma

旅游信息

sahil

海滩

kredi kartı

信用卡

kahvaltı

早餐

öğle yemeği

午餐

akşam yemeği

晚餐

Bilet

票

asansör

电梯

pul

邮票

sınır

边界

gümrük

海关

elçilik

大使馆

vize

签证

pasaport

护照

uçak
飞机

gemi
船

yangın söndürme pompası
消防车

otobüs
公交车

kamyon
卡车

motorlu tekne
汽艇

bisiklet
自行车

otomobil
汽车

feribot

摆渡船

bot

小船

motosiklet

摩托车

polis arabası

警车

yarış arabası

赛车

kiralık araba

租车

ortak araba

拼车

çekici

拖车

çöp kamyonu

垃圾车

motor

发动机

yakıt

汽油

benzinlik

加油站

trafik işareti

交通标志

trafik

交通

trafik sıkışıklığı

交通堵塞

otopark

停车场

tren istasyonu

火车站

ray

轨道

tren

火车

tramvay

电车

vagon

货车

helikopter

直升机

havaalanı

机场

kule

塔

yolcu

乘客

konteyner

集装箱

koli

纸板箱

yük arabası

手推车

sepet

篮子

kalkış / iniş

起飞/降落

şehir

城市

köy

村庄

şehir merkezi

市中心

ev

房子

sinema 电影院

reklam 广告

sokak lambası 路灯

sokak 街道

taksi 出租车

büfe 小吃店

yaya yolu 行人

kaldırım 人行道

yaya geçidi 斑马线

çöp kutusu 垃圾箱

kavşak 十字路口

trafik ışığı 红绿灯

kulübe
小屋

apartman dairesi
公寓

tren istasyonu
火车站

belediye binası
市政厅

müze
博物馆

okul
学校

üniversite

大学

banka

银行

hastane

医院

otel

酒店

eczane

药房

ofis

办公室

kitapçı

书店

mağaza

商店

çiçekçi

花店

süpermarket

超市

market

市场

büyük mağaza

百货商店

balık satıcısı

鱼店

alışveriş merkezi

购物中心

liman

海港

şehir - 城市

park

公园

bank

长凳

köprü

桥

merdiven

楼梯

metro

地铁

tünel

隧道

otobüs durağı

公交车站

bar

酒吧

restoran

餐馆

posta kutusu

邮筒

sokak tabelası

路标

otopark sayacı

停车计时器

hayvanat bahçesi

动物园

yüzme havuzu

游泳馆

cami

清真寺

çiftlik

农场

kirlilik

污染

mezarlık

墓地

kilise

教堂

oyun alanı

操场

tapınak

寺庙

arazi
地形

yaprak
树叶

yön tabelası
指示牌

yol
路

çayır
草地

taş
石头

ağaç
树

yürüyüşçü
徒步旅行者

ırmak
河

çimen
草

çiçek
花

vadi

峡谷

tepe

山

göl

湖

orman

森林

çöl

沙漠

volkan

火山

kale

城堡

gökkuşağı

彩虹

mantar

蘑菇

palmiye

棕榈树

sivrisinek

蚊子

sinek

苍蝇

karınca

蚂蚁

arı

蜜蜂

örümcek

蜘蛛

böcek

甲虫

kurbağa

青蛙

sincap

松鼠

kirpi

刺猬

yabani tavşan

野兔

baykuş

猫头鹰

kuş

鸟

kuğu

天鹅

yaban domuzu

野猪

geyik

鹿

geyik

麋鹿

baraj

水坝

rüzgar türbini

风力发电机

güneş paneli

太阳能电池板

iklim

气候

garson
服务员

menü
菜单

sandalye
椅子

çorba
汤

pizza
披萨饼

çatal - bıçak
餐具

masa örtüsü
桌布

başlangıç
前菜

ana yemek
主菜

tatlı
甜点

içecekler
饮料

yemek
食物

şişe
瓶子

fastfood

快餐

sokak yemeği

街边小吃

çaydanlık

茶壶

şekerlik

糖盒

porsiyon

一份饭菜

espresso makinesi

意式咖啡机

mama sandalyesi

高脚椅

fatura

账单

tepsi

托盘

bıçak

刀

çatal

餐叉

kaşık

勺子

çay kaşığı

茶匙

servis peçetesi

餐巾

bardak

玻璃杯

tabak

碟子

çorba kasesi

汤盘

fincan altlığı

碟子

sos

酱

tuzluk

盐瓶

karabiber değirmeni

胡椒磨

sirke

醋

yağ

食用油

baharat

调味料

ketçap

番茄酱

hardal

芥末

mayonez

蛋黄酱

özel teklif
特价

müşteri
顾客

süt ürünleri
乳制品

meyve
水果

alışveriş arabası
购物车

kasap

肉铺

fırın

面包房

tartmak

称重

sebze

蔬菜

et

肉

donmuş gıda

冷冻食品

söğüş et

冷盘

konserve yiyecek

罐头食品

toz deterjan

洗衣粉

şekerlemeler

甜食

ev temizlik ürünleri

日用品

temizlik ürünleri

清洁用品

satış görevlisi

销售员

yazar kasa

收银机

kasiyer

收银员

alışveriş listesi

购物清单

açılış saatleri

开放时间

cüzdan

钱包

kredi kartı

信用卡

çanta

袋子

plastik poşet

塑料袋

su

水

meyve suyu

果汁

süt

牛奶

kola

可乐

şarap

红酒

bira

啤酒

alkol

酒

kakao

可可

çay

茶

kahve

咖啡

espresso

意式浓缩咖啡

kapuçino

卡布奇诺

muz

香蕉

elma

苹果

portakal

橙子

kavun

西瓜

limon

柠檬

havuç

胡萝卜

sarımsak

大蒜

bambu

竹子

soğan

洋葱

mantar

蘑菇

çerez

坚果

makarna

面条

spagetti

意大利面条

pirinç

米饭

salata

沙拉

cips

薯条

patates kızartması

炸土豆

pizza

披萨饼

hamburger

汉堡包

sandviç

三明治

şinitzel

炸猪排

pastırma

火腿

salam

萨拉米

sosis

香肠

tavuk

鸡肉

rosto

烤肉

balık

鱼

yulaf ezmesi

燕麦片

müsli

穆兹利

mısır gevreği

玉米片

un

面粉

kruvasan

羊角面包

küçük ekmek

面包卷

ekmek

面包

tost

烤面包

bisküvi

饼干

tereyağı

黄油

kaymak

凝乳

kek

蛋糕

yumurta

蛋

sahanda yumurta

煎蛋

peynir

奶酪

dondurma

冰激凌

şeker

糖

bal

蜂蜜

reçel

果酱

fındık ezmesi

巧克力酱

köri

咖喱饭

çiftlik evi
农舍

sap toplama makinesi
稻草捆

tahıl ambarı
粮仓

tarla
田野

at
马

römork
拖车

tay
马驹

traktör
拖拉机

eşek
驴

kuzu
羔羊

koyun
羊

keçi
山羊

inek
奶牛

buzağı
牛犊

domuz
猪

domuz yavrusu
小猪

boğa
公牛

kaz
鹅

ördek
鸭

civciv
小鸡

tavuk
母鸡

horoz
公鸡

sıçan
鼠

kedi
猫

fare
老鼠

öküz
牛

köpek
狗

köpek kulübesi
狗屋

bahçe hortumu
花园浇水软管

sulama kabı
洒水壶

tırpan
长柄大镰刀

pulluk
犁

x

orak

镰刀

çapa

锄头

dirgen

长柄草耙

balta

斧头

el arabası

独轮手推车

yemlik

饲料槽

süt kovası

牛奶罐

çuval

麻布袋

çit

栅栏

ahır

马厩

sera

温室

toprak

土壤

tohum

种子

gübre

肥料

biçerdöver

联合收割机

hasat etmek

收割

harman

收割

tatlı patates

山药

buğday

小麦

soya

大豆

patates

土豆

mısır

玉米

kolza

油菜籽

meyve ağacı

果树

manyok

树薯

hububat

谷物

baca
烟囱

çatı
屋顶

yağmur oluğu
落水管

pencere
窗户

garaj
车库

kapı zili
门铃

kapı
门

çöp kutusu
垃圾桶

posta kutusu
信箱

bahçe
花园

oturma odası

客厅

banyo

浴室

mutfak

厨房

yatak odası

卧室

çocuk odası

儿童房

yemek odası

餐厅

zemin

地板

duvar

墙壁

tavan

吊顶

kiler

地窖

sauna

桑拿

balkon

阳台

teras

露台

havuz

游泳池

çim biçme makinesi

割草机

çarşaf

被单

yatak örtüsü

床罩

yatak

床

süpürge

扫帚

kova

水桶

anahtar

开关

duvar kağıdı
壁纸

resim
照片

lamba
台灯

raf
搁架

dolap
橱柜

şömine
壁炉

televizyon
电视机

çiçek
花

minder
垫子

kanepe
沙发

vazo
花瓶

uzaktan kumanda
遥控器

halı
地毯

perde
窗帘

masa
餐桌

sandalye
椅子

salıncaklı koltuk
摇椅

koltuk
扶手椅

kitap

书

battaniye

毯子

dekor

装饰品

odun

木柴

film

电影

hi-fi

高保真音响

anahtar

钥匙

gazete

报纸

tablo

油画

poster

海报

radyo

收音机

defter

笔记本

elektrikli süpürge

吸尘器

kaktüs

仙人掌

mum

蜡烛

buzdolabı
冰箱

mikrodalga fırın
微波炉

mutfak tartısı
厨房秤

tost makinesi
烤面包机

deterjan
洗洁精

fırın
烤箱

buzluk
冰柜

çöp kutusu
垃圾桶

bulaşık makinesi
洗碗机

ocak

炊具

tencere

锅

döküm tencere

铸铁锅

wok

炒锅

tava

平底锅

su ısıtıcı

水壶

buharlı pişirici

蒸锅

pişirme tepsisi

烤盘

tabak takımı

陶瓷锅

kupa

马克杯

kase

碗

çubuk (çin yemeği)

筷子

kepçe

长柄勺

spatula

铲子

çırpma teli

搅拌器

süzgeç

滤网

elek

筛子

rende

磨碎机

havan

研钵

barbekü

烧烤

açık ateş

明火

kesme tahtası

菜板

merdane

擀面杖

tirbüşon

开瓶器

konserve kutusu

罐子

konserve açacağı

开罐器

fırın eldiveni

隔热手套

evye

水槽

fırça

刷子

sünger

海绵

blender

搅拌机

derin dondurucu

冷藏箱

biberon

奶瓶

musluk

水龙头

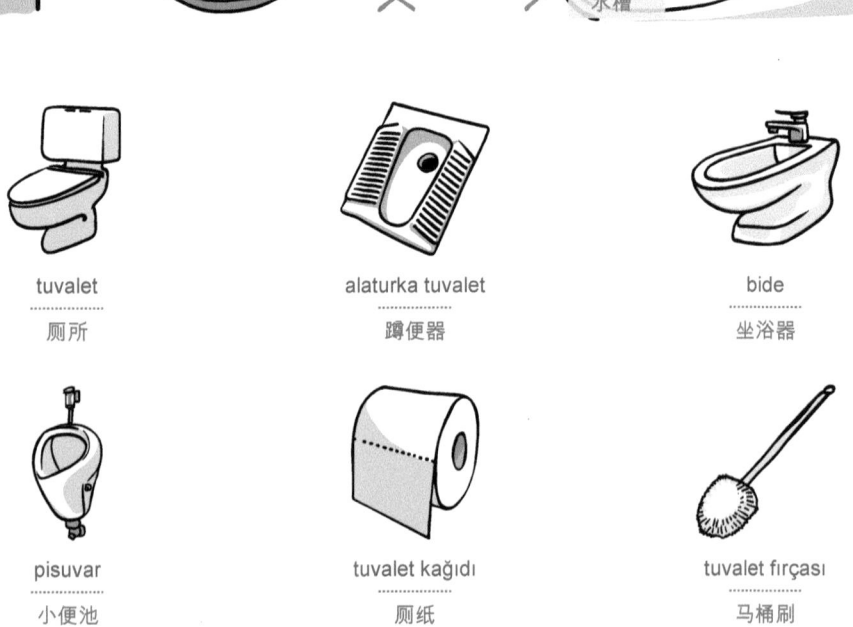

ısıtma
供暖设备

duş
淋浴

havlu
毛巾

duş perdesi
浴帘

köpük banyosu
泡沫浴

küvet
浴缸

bardak
玻璃杯

çamaşır makinesi
洗衣机

musluk
水龙头

fayans
瓷砖

lazımlık
便壶

evye
水槽

tuvalet

厕所

alaturka tuvalet

蹲便器

bide

坐浴器

pisuvar

小便池

tuvalet kağıdı

厕纸

tuvalet fırçası

马桶刷

diş fırçası

牙刷

diş macunu

牙膏

diş ipi

牙线

yıkamak

洗

duş başlığı

手持式喷淋头

duş başlığı şeklinde taharet musluğu

冲洗器

küvet

洗脸盆

banyo fırçası

擦背刷

sabun

肥皂

duş jeli

沐浴露

şampuan

洗发水

banyo lifi

法兰绒

gider

排水

krem

乳霜

deodorant

除臭剂

ayna

镜子

el aynası

手镜

jilet

剃须刀

tıraş köpüğü

剃须泡沫

tıraş losyonu

须后水

tarak

梳子

fırça

刷子

saç kurutma makinesi

吹风机

saç spreyi

喷发定型剂

makyaj

化妆品

ruj

唇膏

tırnak cilası

指甲油

pamuk

化妆棉

tırnak makası

指甲剪

parfüm

香水

makyaj çantası

洗漱包

tabure

凳子

tartı

计重秤

bornoz

浴袍

lastik eldiven

橡胶手套

tampon

卫生棉条

kadın pedi

卫生巾

kimyevi tuvalet

化学厕所

çalar saat
闹钟

peluş oyuncak
毛绒玩具

oyuncak araba
玩具车

bebek evi
玩具屋

hediye
礼物

çıngırak
拨浪鼓

balon
气球

yatak
床

bebek arabası
（洋娃娃用）婴儿车

kart destesi
扑克牌

yapboz
拼图

çizgi roman
漫画

lego tuğlaları

乐高积木

lego blokları

积木玩具

aksiyon figürü

玩具人

zıbın

婴儿服

frizbi

飞盘

dönence

床铃玩具

masa oyunu

棋盘游戏

zar

骰子

model tren seti

火车模型

emzik

安抚奶嘴

parti

聚会

resimli kitap

绘本

top

球

oyuncak bebek

洋娃娃

oynamak

玩

kum havuzu

沙坑

salıncak

秋千

oyuncaklar

玩具

video oyun konsolu

游戏机

üç tekerlekli bisiklet

三轮车

oyuncak ayı

泰迪熊

gardırop

衣柜

kıyafet

衣服

çorap

袜子

külotlu çorap

长袜

tayt

紧身裤

eşarp
围巾

şemsiye
雨伞

kemer
皮带

tişört
丁恤

bot
靴子

terlik
拖鞋

spor ayakkabı
运动鞋

sandalet

凉鞋

ayakkabı

鞋

lastik çizme

雨靴

külot

内裤

sütyen

胸罩

yelek

背心

dar bluz

身体

pantolon

裤子

kot pantolon

牛仔裤

etek

短裙

bluz

女式衬衫

gömlek

衬衫

kazak

套头衫

süveter

卫衣

blazer

西装夹克

ceket

夹克

mont

外套

yağmurluk

雨衣

kostüm

套装

elbise

连衣裙

gelinlik

婚纱

takım elbise

西装

gecelik

睡袍

pijama

睡衣

sari

莎丽

baş örtüsü

头巾

türban

包头巾

burka

波卡

kaftan

卡夫坦

çarşaf

(阿拉伯式)长袍长袍

mayo

泳衣

erkek mayosu

男式泳裤

şort

短裤

eşofman

运动服

önlük

围裙

eldiven

手套

düğme

纽扣

gözlük

眼镜

bilezik

手链

kolye

项链

yüzük

戒指

küpe

耳环

kep

便帽

portmanto

衣架

şapka

帽子

kravat

领带

fermuar

拉链

kask

头盔

pantolon askısı

背带

okul forması

校服

üniforma

制服

mama önlüğü
围兜

emzik
安抚奶嘴

bebek bezi
尿不湿

sunucu
服务器

dosya dolabı
文件柜

kağıt
纸

yazıcı
打印机

monitör
显示屏

masa
办公桌

fare
鼠标

klasör
文件夹

klavye
键盘

kağıt çöp kutusu
废纸篓

sandalye
椅子

bilgisayar
电脑

kahve fincanı
咖啡杯

hesap makinesi
计算器

internet
因特网

dizüstü

笔记本电脑

mektup

信件

mesaj

消息

cep telefonu

手机

ağ

网络

fotokopi makinesi

复印机

yazılım

软件

telefon

电话

priz

插座

faks makinesi

传真机

form

表格

belge

文件

satın almak

买

ödemek

付钱

ticaret yapmak

交易

para

现金

USD

dolar

美元

EUR

avro

欧元

JPY

yen

日元

RUB

ruble

卢布

CHF

İsviçre frangı

瑞士法郎

CNY

Çin yuanı

人民币

INR

rupi

卢比

kasa

提款处

döviz bürosu

外币兑换处

altın

金

gümüş

银

petrol

石油

enerji

能源

fiyat

价格

kontrat

合同

vergi

税金

menkul değer

股票

çalışmak

工作

işveren

职员

işçi

老板

fabrika

工厂

mağaza

商店

polis memuru
警官

itfaiyeci
消防员

aşçı
厨师

doktor
医生

pilot
飞行员

bahçıvan

园丁

marangoz

木匠

terzi

裁缝

hakim

法官

kimyager

化学家

aktör

演员

otobüs şoförü

公交车司机

taksi şoförü

出租车司机

balıkçı

渔夫

temizlikçi

清洁女工

çatı ustası

屋顶工

garson

服务员

avcı

猎人

boyacı

画家

fırıncı

面包师

elektrikçi

电工

inşaatçı

建筑工人

mühendis

工程师

kasap

屠夫

muslukçu

水管工

postacı

邮递员

asker

士兵

mimar

建筑师

kasiyer

收银员

çiçekçi

花农

kuaför

理发师

kondüktör

售票员

tamirci

机械师

kaptan

船长

dişçi

牙医

bilim insanı

科学家

haham

拉比

imam

伊玛目

keşiş

和尚

rahip

牧师

çekiç
铁锤

penseler
钳子

tornavida
螺丝刀

İngiliz anahtarı
扳手

el feneri
手电筒

kazı makinesi

挖掘机

alet çantası

工具箱

merdiven

梯子

testere

锯子

çiviler

钉子

matkap

钻机

tamir etmek
修

kürek
铲子

Kahretsin!
靠！

faraş
簸箕

boya tenekesi
油漆桶

vidalar
螺丝

müzik enstrümanı
乐器

bateri seti
打击乐器

hoparlör
扬声器

gitar
吉他

kontrbas
低音提琴

trompet
小号

piyano

钢琴

keman

小提琴

basgitar

贝斯

timpani

定音鼓

bateri

鼓

klavye

电子琴

saksafon

萨克斯管

flüt

长笛

mikrofon

麦克风

giriş
入口

kaplan
老虎

kafes
笼子

zebra
斑马

hayvan yemi
动物饲料

panda
熊猫

hayvanlar

动物

fil

大象

kanguru

袋鼠

gergedan

犀牛

goril

大猩猩

ayı

熊

deve

骆驼

deve kuşu

鸵鸟

aslan

狮子

maymun

猴子

flamingo

火烈鸟

papağan

鹦鹉

kutup ayısı

北极熊

penguen

企鹅

köpek balığı

鲨鱼

tavus kuşu

孔雀

yılan

蛇

timsah

鳄鱼

hayvanat bahçesi görevlisi

动物园管理员

fok

海豹

jaguar

美洲豹

midilli atı

矮种马

leopar

豹

su aygırı

河马

zürafa

长颈鹿

kartal

老鹰

yaban domuzu

野猪

balık

鱼

kaplumbağa

龟

mors

海象

tilki

狐狸

ceylan

羚羊

amerikan futbolu
橄榄球

bisiklete binme
骑自行车

tenis
网球

basketbol
篮球

yüzme
游泳

boks
拳击

buz hokeyi
冰球

futbol
英式足球

badminton
羽毛球

atletizm
田径

hentbol
手球

kayak
滑雪

polo
马球

atlamak
跳

gülmek
笑

sarılmak
拥抱

yürümek
走路

söylemek
唱

hayal etmek
做梦

dua etmek
祈祷

öpmek
亲吻

yazmak
书写

çizmek
画

göstermek
展示

itmek
推

vermek
给

almak
拿

sahip olmak

有

yapmak

做

olmak

当

ayakta durmak

站

koşmak

跑

çekmek

拉

atmak

扔

düşmek

摔倒

yalan söylemek

躺

beklemek

等待

taşımak

携带

oturmak

坐

giyinmek

穿衣

uyumak

睡觉

uyanmak

醒来

bakmak

看

ağlamak

哭

vurmak

抚摸

taramak

梳头

konuşmak

交谈

anlamak

明白

sormak

问

dinlemek

听

içmek

喝

yemek

吃

düzenlemek

清理

sevmek

爱

pişirmek

做饭

sürmek

开车

uçmak

飞

denize açılmak

航行

hesapla

计算

okumak

读

öğrenmek

学习

çalışmak

工作

evlenmek

结婚

dikmek

缝

diş fırçalamak

刷牙

öldürmek

杀

sigara içmek

抽烟

yollamak

寄

büyükanne
祖母

büyükbaba
祖父

baba
父亲

anne
母亲

bebek
婴童

kız
女儿

oğul
儿子

misafir

客人

teyze

阿姨

amca

叔叔

erkek kardeş

兄弟

kız kardeş

姐妹

alın
前额

göz
眼睛

omuz
肩膀

parmak
手指

yüz
脸

çene
下巴

el
手

göğüs
乳房

bacak
腿

kol
手臂

bebek

婴童

adam

男人

kadın

女人

kız

女孩

erkek çocuk

男孩

baş

头

sırt

背部

karın

肚子

göbek

肚脐

ayak parmağı

脚趾

topuk

脚后跟

kemik

骨头

kalça

臀部

diz

膝盖

dirsek

手肘

burun

鼻子

kalça

屁股

deri

皮肤

yanak

脸颊

kulak

耳朵

dudak

嘴唇

ağız

嘴

diş

牙齿

dil

舌头

beyin

脑

kalp

心脏

kas

肌肉

akciğer

肺

karaciğer

肝脏

mide

胃

böbrekler

肾脏

seks

性交

prezervatif

避孕套

yumurtalık

卵子

sperm

精子

hamilelik

怀孕

regl

月经

vajina

阴道

penis

阴茎

kaş

眉毛

saç

头发

boyun

脖子

hastane
医院

ambulans
救护车

tekerlekli sandalye
轮椅

kırık
骨折

doktor

医生

acil servis

急诊室

hemşire

护士

acil

紧急情况

baygın

昏迷

acı

痛

yaralanma

受伤

kanama

出血

kalp krizi

心脏病发作

felç

中风

alerji

过敏

öksürük

咳嗽

ateş

发烧

grip

流感

ishal

腹泻

baş ağrısı

头痛

kanser

癌症

şeker hastalığı

糖尿病

cerrah

外科医生

neşter

手术刀

operasyon

手术

bilgisayarlı tomografi

CT

röntgen

X光

ultrason

超声波

yüz maskesi

口罩

hastalık

疾病

bekleme odası

候诊室

koltuk değneği

拐杖

yara bandı

石膏

bandaj

绷带

enjeksiyon

注射

steteskop

听诊器

sedye

担架

tıbbi termometre

体温计

doğum

出生

fazla kilo

超重

işitme cihazı

助听器

dezenfektan

消毒液

enfeksiyon

感染

virüs

病毒

HIV / AIDS

艾滋病

ilaç

药物

aşı

接种疫苗

tablet

药片

hap

药丸

acil çağrı

急救电话

tansiyon aleti

血压计

hasta / sağlıklı

生病/健康

Imdat!

救命！

alarm

警报

darp

突击

saldırı

攻击

tehlike

危险

acil çıkış

紧急出口

Yangın!

着火啦！

yangın tüpü

灭火器

kaza

意外

ilk yardım çantası

急救箱

imdat

呼救信号

polis

警察

Avrupa

欧洲

Kuzey Amerika

北美洲

Güney amerika

南美洲

Afrika

非洲

Asya

亚洲

Avustralya

澳洲

Atlantik

大西洋

Pasifik

太平洋

Hint Okyanusu

印度洋

Antarktika Okyanusu

南冰洋

Arktik Okyanusu

北冰洋

Kuzey Kutbu

北极

Güney Kutbu

南极

Antarktika

南极洲

dünya

地球

kara

陆地

deniz

海

ada

岛

ulus

国家

ülke

国家

kadran

钟面

akrep

时针

yelkovan

分针

saniye ibresi

秒针

Saat kaç?

现在几点？

gün

天

zaman

时间

şimdi

现在

dijital saat

电子表

dakika

分

saat

时

Pazartesi
周一
MO

Çarşamba
周三
W 周三

Cuma
周五
FR 周五

TU

Salı
周二

TH
Cumartesi
周六

SA

SO

Perşembe
周四

Pazar
周日

dün
昨天

bugün
今天

yarın
明天

sabah
早晨

öğle
中午

akşam
晚上

iş günleri
工作日

hafta sonu
周末

yağmur
雨

gökkuşağı
彩虹

rüzgar
风

kara
雪

bahar
春

sonbahar
秋

yaz
夏

kış
冬

hava durumu tahmini

天气预报

termometre

温度计

güneş ışığı

阳光

bulut

云

sis

雾

nem

潮湿

şimşek

闪电

gök gürültüsü

打雷

fırtına

风暴

dolu

冰雹

muson

季风

sel

洪水

buz

冰

Ocak

一月

Şubat

二月

Mart

三月

Nisan

四月

Mayıs

五月

Haziran

六月

Temmuz

七月

Ağustos

八月

Eylül
....
九月

Ekim
....
十月

Kasım
....
十一月

Aralık
....
十二月

daire
....
圆形

kare
....
正方形

dikdörtgen
....
长方形

üçgen
....
三角形

küre
....
球体

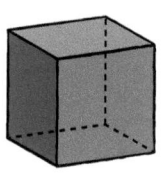

küp
....
立方体

renkler
颜色

beyaz

白

sarı

黄

turuncu

橙

pembe

粉

kırmızı

红

mor

紫

mavi

蓝

yeşil

绿

kahverengi

棕

gri

灰

siyah

黑

çok / az
很多/少许

kızgın / sakin
生气/平静

güzel / çirkin
美/丑

başlangıç / son
首/尾

büyük / küçük
大/小

parlak / karanlık
明/暗

erkek kardeş / kız kardeş
兄弟/姐妹

temiz / kirli
干净/肮脏

tamam / eksik
完整/缺失

gün / gece
白天/晚上

ölü / canlı
死/生

geniş / dar
宽/窄

yenilebilir / yenilemez

可食用/非食用

kötü / iyi

邪恶/善良

heyecanlı / sıkılmış

兴奋/无聊

şişman / zayıf

胖/瘦

ilk / son

第一/最后

dost / düşman

朋友/敌人

dolu / boş

满/空

sert / yumuşak

硬/软

ağır / hafif

重/轻

açlık / susuzluk

饿/渴

hasta / sağlıklı

生病/健康

yasa dışı / yasal

非法/合法

zeki / aptal

聪明/愚笨

sol / sağ

左/右

yakın / uzak

近/远

yeni / kullanılmış

新/旧

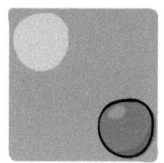

hiçbir şey / bir şey

没有/有些

yaşlı / genç

老/幼

açma / kapama

开/关

açık / kapalı

打开/合上

sessiz / gürültülü

安静/吵闹

zengin / fakir

富/穷

doğru / yanlış

对/错

pürüzlü / düz

粗糙/光滑

üzgün / mutlu

伤心/高兴

kısa / uzun

短/长

yavaş / hızlı

慢/快

ıslak / kuru

湿/干

sıcak / serin

温暖/凉爽

savaş / barış

战争/和平

0

sıfır

零

1

bir

一

2

iki

二

3

üç

三

4

dört

四

5

beş

五

6

altı

六

7

yedi

七

8

sekiz

八

9

dokuz

九

10

on

十

11

on bir

十一

12
on iki
十二

13
on üç
十三

14
on dört
十四

15
on beş
十五

16
on altı
十六

17
on yedi
十七

18
on sekiz
十八

19
on dokuz
十九

20
yirmi
二十

100
yüz
百

1.000
bin
千

1.000.000
milyon
百万

diller

语言

İngilizce

英语

Amerikan İngilizcesi

美式英语

Çince (Mandarin)

普通话

Hintçe

印地语

İspanyolca

西班牙语

Fransızca

法语

Arapça

阿拉伯语

Rusça

俄语

Portekizce

葡萄牙语

Bengalce

孟加拉语

Almanca

德语

Japonca

日语

ben

我

sen

你

o

他/她/它

biz

我们

siz

你们

onlar

他们

kim?

谁？

ne?

什么？

nasıl?

怎样？

nerede?

哪里？

ne zaman?

什么时候？

isim

名字

arkasında

后面

içinde

里面

önünde

前面

üzerinde

上方

üstünde

上面

altında

下面

yanında

旁边

arasında

中间

yer

地点